Geschichten

aus der Reihe
„Perlen unserer Erinnerung"

Liebes-briefe

Eine besondere und andere Art der Liebe

Carmen Sabernak (Hrsg.)

Bibliografische Information der Deutschen Nationalbibliothek:
Die Deutsche Nationalbibliothek verzeichnet diese Publikation in der Deutschen Nationalbibliografie; detaillierte bibliografische Daten sind im Internet über dnb.d.nb.de abrufbar.

Impressum
2021 © Carmen Sabernak, alle Rechte vorbehalten

Herstellung und Verlag:
BoD - Books on Demand, Norderstedt

Satz und Layout:
Nicole Mewes

Bildnachweise:
© by-studio © sonne fleckl - Fotolia.com
© Nicole Mewes

ISBN: 9783755741084

Inhalt

 Vorwort

Carmen Sabernak hatte die Idee, die Erinnerungen unterschiedlicher Menschen zu sammeln.

Erinnerungen, die wertvoll wie Perlen sind. Sie fragte in der Teltower AWO-Gruppe nach und es fanden sich schnell MitstreiterInnen.

Einmal im Monat trafen sie sich, tauschten Erinnerungen aus, lasen aus ihren Geschichten und verbrachten schöne gemeinsame Stunden. So wurde recht schnell der Entschluss gefasst, diese „Perlen unserer Erinnerungen" in kleinen Büchern aufzubewahren.

Die Geschichten sind so unterschiedlich, wie die Menschen, die sie erlebt haben. Einzelne Geschichten wurden zum Teil schon vor einigen Jahren verfasst. Deshalb finden sich teilweise auch noch Texte in der alten Rechtschreibung. Diese wurden absichtlich nicht angepasst, denn es sind Perlen aus der betreffenden Zeit.

Wir wünschen Ihnen ebenso viel Vergnügen beim Lesen, wie wir Freude hatten, das Buch zu gestalten.

Herzliche Grüße
das AutorInnenteam

Abendstille Überall

D er Abend senkt sich auf die Erde nieder,
dein Leib sucht Ruhe – müde sind die Glieder.
Die Nacht den selig Schlummer bringt,
schlafe gut, mein liebes Kind.
In deinen Träumen spiegelt sich das bunte Leben,
sie spenden Glück und können Kraft dir geben.
Gegenwart, Vergangenheit –
manchmal Freude, manchmal Leid.
Gestärkt stehst du am Morgen auf,
der Alltag nimmt nun seinen Lauf.
Geh' deinen Weg, bis du dein Ziel erreichst,
geht es auch langsam und ist es oft nicht leicht.
Verliere nie den Mut, du musst stets vorwärts geh'n,
dann wirst du Licht am Tunnelende seh'n.

Hannelore Wolf

Für meine liebe Omi

Leider kannst Du diese Zeilen nicht mehr lesen, aber ich möchte sie trotzdem niederschreiben.

Wir waren schon seit meiner Geburt ein starkes Team. Schön war es, als wir immer die Frühstücksbesuche bei deiner Schwester Lisa machten und als Du mich auf dem Weg zur Vorschule begleitet hast. Ich war, genau wie meine Geschwister, kein Kindergarten-kind, weil Du für uns da warst.

Leider war ich auch manchmal frech zu Dir und habe gesagt: „Du hast mir gar nichts zu sagen, Du bist nicht meine Mutter." Oder ich habe mich versteckt, als Du uns vom Kino abholen wolltest. Das tut mir heute sehr leid, aber Kinder überlegen manchmal nicht und machen nur.

Später haben wir auch für eine kurze Zeit in einem Zimmer gewohnt.

Was lustig war, waren auch die Antworten auf mei-ne Frage: „Was gibt es denn heute zum Essen?" Ant-wort: „Elefantenarsch mit Birnen" oder „Stuhlbein mit

Scheuerlappen" oder „Rasender Furz auf der Gardi-
nenstange".

Wir waren auch oft im Park Babelsberg spazieren und
an einem bestimmten Platz machten wir Rast und Du
holtest eine halbe Tafel Schokolade, zur Stärkung,
heraus.

Viele lustige Lieder hast Du mit mir gesungen, u.a.

Pup und Spinneken.

Pup und Spinneken,
Pup und Spinneken,
gingen in den Wald,
da warn dem Pup,
da warn dem Pup
die Beene kalt.

Da macht det Spinneken,
da macht det Spinneken
ein Feuer an
damit der Pup,
damit der Pup
sich wärmen kann.

Schön waren auch die Nachmittage an denen wir ge-
puzzelt und gemeinsam eine geraucht haben. Da war
ich natürlich auch schon in dem erlaubten Alter.

Es gibt noch vieles über das ich schreiben könnte,
denn wir kannten uns 17 wunderbare Jahre.

Vielen Dank, dass es Dich gab und Du für mich und
meine Geschwister da warst.

Deine Ellen

Ellen Wutschik, September 2021

Fünf weiße Rosen

F ünf weiße Rosen hätt ich gern –
und eine rote Blüte.
Sie sind für einen charmanten Herren,
einen, mit Herz und Güte.

Mit blauen Augen, verschmitztem Blick
und das Herz an der rechten Stelle.
Voller Elan und frischem Schritt,
ein Freund für alle Fälle.

Ein wenig Schleierkraut noch bitte,
zart und leicht wie Träume.
Und etwas Grün noch für die Mitte,
kraftvoll – wie starke Bäume.

Papier und Schleife brauch ich nicht,
ich bin doch ganz schnell da.
Dann sitze ich im Dämmerlicht
am Grabe von Papa.

Carmen Sabernak

Eine ganz besondere Freundschaft

Ich habe zu meiner Enkelin, ich nenne sie mal meinen Engel, eine ganz besondere Freundschaft.

Hier ein Brief für sie:
„Ich freute mich auf das Kind und als Du geboren wurdest, waren wir stolz wie Bolle. Als Du das erste Mal in meinem Arm warst, wusste ich, ich möchte Dich beschützen. So hilflos und klein – ich dachte, alles was ich Dir geben kann, sollst Du haben: Liebe, Freundschaft, Rat und Hilfe. Auf allen Wegen möchten wir Dich begleiten und auch Dein geliebter Opi wird für Dich da sein.

So verging die Babyzeit, alle waren für Dich da. In der Krippenzeit warst Du oft krank, dann warst Du häufig bei uns. Mit dem Besuch des Kindergartens brach eine andere Zeit an. Unser Sonnenschein war nun ein Kindergartenkind. Wenn es möglich war, dann konntest Du "Mittagskind" sein. Manchmal, wenn der Opi um die Ecke kam, sah er Dich traurig vor dem Essenteller sitzen, der noch nicht leergegessen

war. An diesen Tagen musstest Du nicht aufessen – schnell anziehen und ab mit Opi nach Hause. Den Rest des Tages verbrachten wir bei uns, gingen auf den Spielplatz, buken Kekse, spielten Gesellschaftsspiele, fuhren in den Garten oder besuchten den kleinen Zoo in Teltow.
Auch diese schöne Zeit ging vorüber – die Schulzeit begann.

Du lerntest gern, warst strebsam und wurdest von Deinen Eltern immer unterstützt. Auch wir waren gern für Dich da. Der sogenannte Ernst des Lebens begann und Du hast die Schulzeit gut gemeistert.
Du wurdest eine gute Friseurin und hast Deinen Führerschein gemacht. Wir waren immer so stolz, wenn wieder ein Meilenstein geschafft war.

Der Mittwoch – das war immer der Omi-Opi-Tag. Da wurde etwas Leckeres gekocht und viel geschwatzt. An einem dieser besonderen Tage eröffnetest Du uns, das Du die Welt kennenlernen möchtest. Dafür schwebte Dir ein großes Schiff vor.

Du bewarbst Dich und konntest anheuern. Es ging zuerst nach London zur Ausbildung. Als Deine ganze Familie Dich zum Flughafen brachte, verabschiedeten wir ein Einmeterfünfundsechzig großes Mädchen mit dickem Rucksack und schwerem Koffer. Du hattest so viel Mut und wir standen auf dem Besucherdeck und sahen dem Flugzeug nach. Mit vielen Tränen.

Es begann eine Zeit der Angst und Sorgen, Du warst so weit weg und wir waren nicht da, wenn vielleicht Heimweh oder andere Sorgen Dich quälen würden. Es hat mich viel Kraft gekostet, Dich gehen zu lassen. Und Du, Du gingst tapfer Deinen Weg, hast viel gearbeitet und wenn es möglich war, hast Du Dir in Deiner Freizeit die Welt angeschaut. Viele Länder hast Du gesehen und viele Menschen kennengelernt. Ich vermisste Dich sehr, den Mittwoch mit den vielen Gesprächen und Deine ehrliche Liebe zu uns.

Einige Zeit später, Du warst gerade am anderen Ende der Welt, ist plötzlich und unerwartet Dein geliebter Opi von uns gegangen. Wie musst Du Dich gefühlt haben? Ganz allein und so weit weg. Noch oft denke ich daran. Du konntest Dich hier nicht von ihm verabschieden. Aber Du hast Deinen Weg gefunden, Abschied zu nehmen.

Nachdem die Queen Victoria von der großen Weltreise mit Dir zurückkam, bist Du von Bord gegangen.

Deine Eltern und ich sind nach Bremerhaven gefahren und haben Dich abgeholt. Wir hielten uns vor Freude und weinten um Deinen Opi.

Nun bist Du wieder in der Nähe und jeden Mittwoch, ob es regnet oder es schneit, kommst Du mich besuchen und es geht wieder los: Diskutieren bis in die Nacht, reden über Gott und die Welt. Wir vertrauen uns, ob wir traurig sind oder alles gut ist.

Heute bist Du eine junge Frau von 36 Jahren, stehst fest im Leben. Ich bin Dir dankbar und so lange ich da bin, möchte ich Dich unterstützen, soweit es möglich ist und unsere gemeinsamen Stunden genießen. Unsere ehrliche Freundschaft möchte ich niemals in Gefahr bringen.

Mein Engel, alles Liebe für Deine Zukunft."

In Liebe,
Deine Omi.

Hanna, 2021

Mein kleiner Professor

Im Jahr 1988 haben wir (3 Familien) in Fuhlendorf am Bodden Urlaub gemacht. Jede Familie hatte ihren eigenen Bungalow und wir hatten Spaß und machten schöne Spaziergänge.

An einem dieser schönen Tage hatten Deine Eltern die Idee, in den nahen Wald zu gehen und Blaubeeren zu sammeln, wir anderen bereiteten das Abendessen vor. Deine Mama war im 8. Monat mit Dir schwanger und der Reise stand aus gesundheitlichen Gründen nichts entgegen. Aber – es kam, wie es kommen musste – die Wehen setzten ein und wir suchten eine Telefonzelle (Handy gab es ja noch nicht) und riefen einen Krankenwagen. Der brachte sie ins Krankenhaus nach Riebnitz-Damgarten.

Meine kleine Enkelin war ganz aufgeregt, jetzt würde sie bald eine kleine Melanie zum Spielen bekommen...
Aber es kam keine Melanie, sondern ein kleiner Junge. Naja, war dann auch o.k. Alle waren froh und glücklich, Ihr wart gesund und habt alles gut überstanden.

Nun war es vorbei mit Spaziergängen, die Jagd begann und Dein Papa wirkte überfordert. Die Jagd ist wörtlich zu nehmen, denn es musste einiges besorgt werden: Kinderwagen, Babykleidung und alles, was ein Baby so braucht.

Außerdem war da noch die Sorge, ob und wie wir alle gemeinsam die Heimfahrt antreten konnten, denn die Urlaubstage gingen zu Ende. Alles hat geklappt, wir kamen gut zu Hause an.

Der kleine Junge machte viel Freude, er wuchs heran, war neugierig und wollte immer helfen. Ob dem Opa beim Sägen oder Handwerken oder beim Kochen oder Backen, Du warst immer gern dabei.

Als Du etwa 4 Jahre alt warst, waren wir im Garten und unser kleiner Professor (so nannte Dich der Opa oft), untersuchte die blühenden Tulpen. Wahrscheinlich erschienen sie Dir zu lang und schnipp-schnapp, da waren die Blütenköpfe ab. Freudestrahlend und mit leuchtenden Augen übergabst Du mir einen ganzen Korb voller Tulpenköpfe. Mir blieb die Spucke weg, die Stiele sahen traurig aus. Da war unser kleiner Professor etwas übereifrig.

Die Jahre vergingen und Du gingst zur Schule, hast

Maschinenbau studiert und ich bin sehr stolz auf Dich.

Die Zeit mir Dir war schön und ich werde sie immer in meinem Herzen behalten. Ich freue mich auf Dein erstes Kind. Sei ihm ein so guter Papa, wie Du ein Kind warst. Aufmerksam, freundlich und hilfsbereit.

Alles Liebe für Dich und Deine Familie.

Ich hab Dich lieb.
Deine Oma.

Hanna, 2021

Mein Wirbelwind

Heute möchte Dir, mein lieber Wirbelwind, einen Brief schreiben:
„Als unser Zappelphilipp geboren wurde, war die Freude groß. Du warst gesund und schautest mit Deinen braunen Augen gleich lebhaft in die Welt. Ein freundliches Baby, was seine Umwelt ordentlich auf Trab halten konnte.

Deine Babyzeit und die Krippenzeit waren dann auch so schnell vorüber, aber wir haben Dich viel gesehen und oft von der Krippe abgeholt.
Du warst neugierig und ein kleiner Hans-Dampf-in-allen-Gassen. Egal, wer Dich aus dem Kindergarten abholte, und egal, wie viel Zeit man hatte, ein Besuch auf dem Spielplatz war unumgänglich. Du musstest Dich einfach erst mal „austoben“.
Eigentlich sollte für jedes Kind die Zeit im Kindergarten fröhlich und unbeschwert sein. Deine unbeschwerte Zeit änderte sich schlagartig. Dein Papa erlitt ein Aneurysma im Kopf. Er fiel ins Koma. Die Ärzte versuchten alles, was möglich war, aber Dein Papa konnte mit diesem Schlag nicht fertig werden. Seit nunmehr 20 Jahren ist er ein hilfloser Mensch,

lebt in einem Pflegeheim und hätte sicher zu gern seinem Jungen beim Aufwachsen und Erwachsenwerden geholfen.

Wie Du damit fertig geworden bist, ich weiß es nicht. Es war sicher eine unendlich schwere Zeit für Dich. Wie Deine Mama es geschafft hat, mit den 2 Kindern und der Angst um Deinen Papa zurecht zu kommen, bewundere ich.

Du wurdest ein Schulkind, machtest Dein Ding und hast mit viel Kraft und Mühsal Deinen Abschluss gemacht. Wir machten uns Sorgen um Dich, Du schüttetest so selten Dein Herz aus. Vielleicht hätten wir Dir mehr helfen können, wenn Du mit uns über Deine Nöte gesprochen hättest.

Heute bist Du 23 Jahre und gehst Deinen Weg.

Aus unserem Zappelphilipp ist ein sehr aufmerksamer junger Mann geworden. Du arbeitest im Pflegeheim und kümmerst dich liebevoll um die Menschen, die auf Hilfe angewiesen sind.

Und mich als Deine Oma macht es stolz, dass Du Dein Leben so gut meisterst.

Dankeschön, dass ich Dich hab.
Ich hab Dich lieb.
Deine Oma

Hanna, 2021

Brennnessel

U – unheimlich vielfältig
R – richtig gesund
T – tausend Anwendungsmöglichkeiten
I – interessante Inhaltsstoffe
C – Kalium, Kalzium, Kieselsäure, kaum Kalorien
A – absolut empfehlenswert

Meine ersten Erfahrungen mit der Brennnessel machte ich, wie wir wohl alle, als Kind und zwar in Form von unangenehmem Brennen und Jucken auf der Haut, wenn diese die nackten Beine oder Arme berührten.

Als junge erwachsene Frau hatte ich immer mal wieder Nierensteine und begleitend zur Therapie hat man mir Brennnesseltee verordnet. Dieser schmeckte mir damals wahrlich nicht gut, aber um die Steine und Steinchen aus den Nieren- und Blasengängen zu spülen, verknüpft mit dem Hinweis ich sollte doch die Hausflurtreppen runterspringen um die Steine zu lösen, trank ich immer wieder diesen Tee.

Und siehe da, die Steine lösten sich, die Entzündungen, verursacht durch die scharfen Kanten der Steine klangen ab und nun bin ich seit einigen Jahren oder Jahrzenten steinfrei.

In meiner Ausbildung zur Physiotherapeutin lernte ich dann, dass bis in die 70er Jahre eine Abklatschung mit frischen Brennnesseln nach einem Saunagang oder auch zur Linderung der Beschwerden bei Arthrose in Reha- und Kureinrichtungen gemacht wurde. Die Hautreizungen, verursacht durch die Brennhaare der Nessel, erhöhen die Hautdurchblutung und Entzündungsstoffe können schneller abtransportiert werden. Wie wunderbar, wie Nebenwirkungsarm, kein Medikament muss durch den Magen-Darm-Trakt oder von Leber und Niere abgebaut werden.

Die Urtica (Brennnessel) ist fast immer verfügbar und wenn man sie richtig erntet und man weiß, wie man sie anfassen muss, tut sie einem auch nicht oder nur ein kleines bisschen weh, ganz so, wie es immer ist mit der Liebe.

In den meisten Fällen erntet man nur die oberen Abschnitte der Pflanze. Man greift mit einer Hand von unten an die oberen Blätter und streift sie in Richtung Kopfende der Pflanze und schneidet mit der anderen Hand ca. 5 Blattpaare unterhalb der Stängel ab.

Auf diese Weise erntet man auch die blühende weibliche Pflanze, wenn sie Samenstängel gebildet hat, die ein bräunliches Aussehen haben sollten. Denn dann stecken in den kleinen Sämlingen ganz viele gute Inhaltsstoffe wie z. B. Beta-Carotin und Lutein (gut für die Augen), Vitamine A, C und E, Linolensäure (gut für die Haut, wirkt gegen Akne und übermäßige Hautpigmentierung) Öl, Schleimstoffe und einige andere mehr.

Auch für die Haare ist die Brennnessel ein gutes Hausmittel. Schon meine Oma Jenny hat sich immer mit Brennnesseltinktur die Kopfhaut eingerieben und die Haare gespült. Sie hatten einen schönen Glanz und waren gesund und kräftig.

Aber meine große Liebe zur Brennnessel kam mit der Bewirtschaftung meines kleinen Gartens so richtig in Fahrt.

Wie doch eine einzelne Pflanze so viele Anwendungsmöglichkeiten haben kann! Setzt man einen Sud aus Brennnesseln an und lässt ihn stehen, kann er sowohl als Dünger zur Stärkung der Pflanzen oder auch gegen Blattläuse benutzt werden.

Auch eine Mulchschicht aus Brennnesseln verbessert die Bodenstruktur, gibt Kieselsäure, Kalium und Stickstoff in den Boden ab. Außerdem leben ca. 100 Tierarten von der Brennnessel, z. B. die Raupen des Tagpfauenauges und des Kleinen Fuchses und auch Vögel profitieren von ihr als Nahrungsquelle.

Seit ca. 2 Jahren lebe ich überwiegend vegetarisch und ich liebe es, durch die Natur zu streifen und zu schauen, was man wie verwenden könnte.

Es gibt immer was zu entdecken, es blüht der Bärlauch, der Rucola ist inzwischen in der Stadt am Wegesrand heimisch, die Holunderblüten und Beeren sind zu verarbeiten, man kann Hagebutten ernten und es gibt vergessene Obstbäume an Alleen oder auf nicht mehr bewirtschafteten Streuobstwiesen.

Im Frühjahr wird empfohlen eine Entschlackungskur mit heimischen Kräutern wie jungem Löwenzahn und Brennnesseln zu machen. – Die Schlehen können genutzt werden und und und – wie wunderbar, was die Natur alles hergibt.

Es gibt so viele Pflanzen und Sträucher, die in ihrer Ernte, Verarbeitung und Lagerung so unglaublich viele gute Inhaltsstoffe haben und man vergisst heute oft, dass aus diesen Pflanzen unsere Pharmaindustrie hervorgegangen ist. Das alte Wissen um die Heilkräuter hat aber in den letzten Jahren wieder an Aufmerksamkeit gewonnen und viele Menschen besinnen sich auf das Natürliche.

So auch ich, als im Frühjahr dieses Jahres sehr krank war. Zur Stärkung nach wochenlangem Kranksein, mit Energiemangel und Müdigkeit sammelte ich frische junge Brennnesseln und machte sie mir jeden Morgen in meinen Smoothie. Sie haben besonders im Frühjahr viele gute Inhaltsstoffe, wie ganz viel Vitamin C, Eisen, Kalium, Calcium, Linol- und Linolensäure. Gemixt mit Grapefruit, Zitrone und Datteln oder Banane, Joghurt und Leinöl war dieser Smoothie wirklich lecker und hat mich wieder in Schwung gebracht.

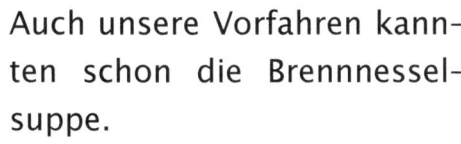

Auch unsere Vorfahren kannten schon die Brennnesselsuppe.
Brennnesselblätter lassen sich ganz leicht auch im Wildkräutersalat, im Quark, aber auch zu Pesto und Dips verarbeiten.

Einfach wunderbar, sie wächst fast überall und ist von März/April bis Oktober/November verfügbar.
Ich kenne keine Pflanze, die so vielfältig ist, für Haut und Haare, als Medizin, als Pflanzenstärkung, als Schädlingsbekämpfung, als Nahrung für Mensch und Tier.

Es ist für mich unglaublich, wie sie in den verschiedenen Stadien ihres Daseins so gute Inhaltsstoffe hergibt, dabei unscheinbar aussieht und doch immer da ist.

Früher hab ich sie gemieden und einen großen Bogen um sie gemacht, aber heute bestaune ich sie bei meinen Streifzügen durch die Natur und bin unendlich dankbar für ihre Vielfältigkeit.

Und als hätte sie in diesem Jahr mein großes Interesse bemerkt, konnte ich sie vor einigen Wochen in meinem Garten entdecken und mir sind wirklich spontan die Worte rausgesprudelt: „Hallo Brennnessel das ist aber schön dich hier begrüßen zu dürfen, du bist herzlich willkommen, du darfst bleiben."
Wie man's so macht mit einer großen Liebe :-)

Beate, September 2021

München

Eine Großstadt im Süden Deutschlands, Regierungssitz des Freistaates Bayern, mit 1,5 Millionen Einwohnern die 4. Millionenstadt unseres Landes. Man nennt sie die heimliche Hauptstadt mit Herz.

München – man liebt sie, ist ihrem Charme erlegen – oder auch nicht.

Ich gehöre zu denen, die München lieben. Diese Stadt vor den Bergen, mit all ihren Türmen, ihrer Pracht, Geschichte und Tradition, zieht mich bis heute an und zaubert mir ein Lächeln ins Gesicht. Dafür gibt es viele Gründe und von denen möchte ich Ihnen ein wenig erzählen.

Es fing sehr früh an. Als 6-jähriges Kind war ich mit meinen Eltern zum ersten Mal in München. Die Schwester meiner Oma lebte dort. Sie war mit ihrem Mann nach der Flucht aus Schlesien in München gestrandet. Tante Hedel und Onkel Franz waren unsere spätere „West-Verwandtschaft".

Als ich 11 Jahre alt war, fuhr ich das erste Mal allein

von Oschatz (in Sachsen) mit dem Zug nach München, für 8 Wochen. Die gesamte Ferienzeit verbrachte ich in und um München, wo noch weitere Verwandte wohnten. Das gleiche wiederholte sich in den 2 folgenden Jahren bis 1960.

Ich lernte München kennen. Zu Fuß mit Tante Hedel. In all die großen, wunderschönen Kirchen ging ich mit ihr und ich fand es schön. Damals schon verglich ich den Reichtum und Prunk mit unserer kleinen, bescheidenen, kahlen Kirche zu Hause. Ich kann, glaub ich, gar nicht aufzählen, was ich während dieser Zeit alles gesehen habe. Die Isar, Münchens Fluss, den Viktualienmarkt, der zu den bekanntesten Obst- und Gemüsemärkten Europas zählt, die Kuppeln der Marienkirche als Wahrzeichen der Stadt, das Hofbräuhaus mit seiner Brautradition seit 1589. Wir waren auf der Theresienwiese, auf der das Oktoberfest jedes Jahr stattfindet. (Nun schon zum 2. Mal wegen Corona gestrichen!).

Tante Hedel und ich stiegen auch die Bavaria hinauf. Im Hals der riesigen Statue wurde es für meine Tante dann ziemlich eng. Wir schafften es. Ganz oben angekommen, wurden wir belohnt mit einem traumhaften Bergblick auf die Alpen. Ja, das ist's! Die

Alpen, unser Hochgebirge – Sehnsuchtsort zu allen Jahreszeiten.

Mit dem Bau der Mauer 1961 war jäh Schluss mit meinen Ferien in München.

Aus der Traum!

Bis dann ab 1988 ein Beschluss der DDR – Regierung Besuche bei Verwandten 1. Grades und zu besonderen Ereignissen möglich machte. So fuhr ich in einer grauen Februarnacht das erste Mal seit mehr als 25 Jahren wieder nach München. Dieses Gefühl, die Grenze zu passieren und die damit verbundene Aufregung und Angst sind mir heute noch gegenwärtig.

Ich hatte das Datum errechnet, wann ich als DDR – Rentnerin (damals mit 60 Jahren) wieder hätte reisen dürfen. Durch das Glück des Mauerfalls war es nun viele Jahre früher – wie schön.

Doch zurück zu München.

Ich liebe es bis heute, wenn man vom Norden her der A9 folgend, auf München zufährt und bei guter Sicht die (noch) schneebedeckten Gipfel in Panorama der Berge sieht. Dann weiß ich, wir sind bald da. Auf wunderbare Weise hat sich ein Kreis geschlossen: München, immer wieder München!

Nun lebt unsere große Tochter mit Familie ganz in der Nähe von München. Unsere Enkel wachsen dort auf.

Die Stadt hat noch viele weitere touristische und geschichtliche Sehenswürdigkeiten wie das „Münchner Kindl", das es ja auch in „echt" gibt. Außerdem Schloss Nymphenburg, die bayrische Residenz, den Englischen Garten als grüne Lunge der Stadt, den BMW – Turm, das Olympiagelände, die Allianz Arena – das Heimatstadion vom FC Bayern und ….

Nicht zu vergessen die bayrisch, deftige Küche, die Weißwürste, Ochsenbratereien, Germknödel, Kaiserschmarrn, und Erdinger- und Paulaner-Bier. Man könnte noch vieles aufzählen und schwärmen. Dazu gehören auch all die feschen Madel in ihren schie Dirnd'ln.

Schwärmen ist ja ausdrücklich erwünscht im Liebesbrief an die schöne Stadt mit Herz und Tradition.

Margrit Prauß, 2021

Mein Engel

Du bist mein Engel auf Erden.
Du bist ein Geschenk für mich.
Laß' mich auch dein Engel werden,
dann sorg' ich auch für dich.
Du machst mein Leben bunter
und reicher noch sogar.
Du bist ein wahres Wunder.
So geht es Jahr für Jahr.
Während ich diese Zeilen schrieb
wurde mir klar:
Ich hab' dich lieb!

Gela, 25.3.2021

Der Theaterbesuch

In der 5. Klasse hatte unser Klassenlehrer die tolle Idee, mit uns ins Theater nach Berlin zu fahren. Wir waren alle begeistert und auch ich bat meine Eltern, mir dieses Erlebnis zu finanzieren. Die Vorfreude war grenzenlos.

Unsere Klassengemeinschaft, an der Kleinmachnower Eigenherdschule, war aus einem sehr breiten Spektrum zusammengewürfelt. Zu meinen Mitschülern gehörte der Sohn eines sehr bekannten Schauspielers, die Tochter des stellvertretenden Intendanten der Staatsoper, die Zwillingstöchter des Schuldirektors, eine weitere Lehrertochter, der Sohn eines gutverdienenden Drehbuchautors, die Tochter eines Abteilungsleiters im Verkehrsministerium, die Kinder von Handwerkern usw.

Außerdem war bei Kleinmachnowern eine umfangreiche Westverwandtschaft nichts Ungewöhnliches, die ihre Lieben unter anderem mit modischer Bekleidung versorgte. Ich gehörte zu den wenigen, die weder mit Westverwandtschaft noch mit einem einkommensstarken Elternhaus gesegnet waren.

Mein Vater war Alleinverdiener und zu unserem fünf-
köpfigen Haushalt gehörten noch mein (zwei Jahre
jüngerer) Bruder und ein Schäferhund. Wir konnten
keine großen Sprünge machen, Süßigkeiten gab es
nur zu besonderen Festtagen, aber unsere Kindheit
war, dank der Liebe und dem Einfallsreichtum meiner
Mutti, glücklich. Wir durften uns immer andere Kin-
der in unseren riesigen Obst- und Gemüse-Garten
zum Spielen einladen und sie scheute keine Mühe,
jeden Tag zu einem Erlebnis zu machen.

Wir hatten zum Beispiel ein Badebecken, das beim
Wasserwechsel mit dem Eimer ausgeschöpft werden
musste. Sie bastelte mit uns und versorgte uns so-
gar manchmal mit selbstgebackenem Kuchen. Meine
beiden Freundinnen gehörten, wie ich, nicht zu einer
der beiden angesagten Cliquen um die Töchter des
Direktors.

Nun rückte der ersehnte Tag immer näher. Mich
quälte langsam der Gedankte, welche meiner Schul-
bekleidung ich für den besonderen Ausflug auswäh-
len sollte. Ich wurde immer nachdenklicher, traute
mich aber auch nicht, den Verfall der schon bezahl-
ten Karte anzukündigen.
Meine Mutti bemerkte natürlich meine Verände-

rung und erfuhr einen Tag vor dem ersehnten und gleichzeitig gefürchteten Ereignis von meiner Qual. Sie beruhigte mich mit den Worten: „Mach dir keine Gedanken, bis morgen haben wir etwas Passendes für dich zum Anziehen."

Sie war eine begabte Hobbyschneiderin und strickte auch viele Bekleidungsstücke.
Wofür der anthrazitfarbene Stoff mit den weißen Fusseln in ihrer Stoffkiste eigentlich vorgesehen war, hat mich nie wirklich interessiert. Aber am nächsten Morgen probierte mir meine völlig übermüdete Mutti einen daraus fast fertigen Rock mit Kellerfalten und ein Oberteil mit langen Ärmeln, Rundhalsausschnitt und einem Reißverschluss im Rückenteil an. Ich war es gewohnt, halbfertige Kleidungsstücke zu begutachten, und so war ich schon jetzt glücklich über das zu erwartende Outfit. Bis zu meinem Start am Nachmittag wollte sie alles fertig haben.

Aufgeregt und voller Vorfreude ging ich in die Schule. Natürlich hatte sie ihr Versprechen gehalten und ich konnte, zu Hause angekommen, den fertige Zweiteiler anziehen. Wir waren beide sehr zufrieden mit ihrem Werk, trotzdem blieb ihr Blick nachdenklich. Plötzlich verschwand sie im Schlafzimmer und kam mit einer Silberkette samt Perlmutt-Anhänger, auf dem ein Fisch zu sehen war, zurück. Mit den Worten:

 „Das sollte dein Weihnachtsgeschenk sein, aber du brauchst es heute!", legte sie mir die Kette um den Hals. Ich war den Tränen nahe. Ich hatte die beste Mutti der Welt!

Später konnte ich mich bei ihr revanchieren. Meine Familie und ich haben immer versucht, für sie da zu sein. Nach ihrem Ableben fand ich einen Brief an mich, in dem sie mich als „die beste Tochter der Welt" bezeichnete.

Evelyn Barucker, Oktober 2021

Ein Dankeschön

Das Leben hält den Atem an
für einen Augenblick.
Der seid'ne Faden ist gespannt –
an ihm hängt dein Geschick.

Die Last – sie zieht ihn tief herab –
hält er dem Schicksal Stand?
Das Unglück schlich sich heimlich ein,
so schnell und unerkannt!

Des Lebens Wille bäumte sich
mit Mut dem Feind entgegen.
Die Hilfe naht, ist sicherlich
wohl in der Not ein Segen.

Der Kampf beginnt, das Lebenslicht brennt
tapfer für den Kranken.
Der Wissenschaft und Medizin
ist Rettung zu verdanken.

Den Weg zur Heilung – kurz oder lang –
muß man allein nun gehen.
Dem „Medizinmann" Lob und Dank,
er lenkt stets das Geschehen.

Und wenn sein Wirken Früchte trägt,
ist glücklich Jedermann!
Voll Dankbarkeit das Herz dann schlägt –
er hat sein Werk getan!

Hannelore Wolf, 2021

Nachricht aus der "Neuen-Welt"

Die Zeit nach dem ersten Weltkrieg, die Jugendzeit unserer Eltern, war damals wohl auch nicht gerade rosig. Die Arbeitslosigkeit war groß und so kam es, dass viele junge Männer den Weg über den großen Teich nach Amerika gingen. So auch der Verlobte, er hieß Frank, einer Freundin meiner Schwiegermutter und ihrer Schwester.

Die Auswanderer arbeiteten schwer. Frank sparte jeden Cent und schickte schließlich seiner Braut die Schiffskarte nach Amerika. Die hatte jedoch Angst vor der "Neuen Welt" und blieb in der Heimat. Wenn nicht Frieda, die Schwester meiner Schwiegermutter, gerade 16 Jahre alt, für die Freundin eingesprungen wäre, wäre die mühsam zusammengesparte Karte verfallen. Frieda ging also nach Amerika. Frank und Frieda fanden Gefallen aneinander und heirateten. In Deutschland gab es dann den 2. Weltkrieg und damit ging die Verbindung zur Familie verloren.

Friedas Eltern, die in Pommern lebten, mussten nach

den Wirren des 2. Weltkrieges die Heimat verlassen und fanden im Berliner Umland bei meiner Schwiegermutter und ihrem Mann Unterkunft. So lebten dann in einem kleinen Haus Oma und Opa, meine Schwiegermutter mit Mann und Sohn.

Die Jahre vergingen. Der Opa starb. Meine Schwiegereltern wurden geschieden. Ihr Sohn wurde mein Mann und wir machten mit der Geburt unseres Sohnes die Oma, die in ihrem Leben viel Leid erfahren hatte, zur Uroma und ein ganz kleines bisschen glücklich. Omas Sohn war im Krieg gefallen und von Frieda gab es kein Lebenszeichen.

So plätscherte das Leben so vor sich hin. Bei uns in der DDR alles geplant und unaufgeregt. Bis 1971 meine Schwiegermutter völlig aufgeregt zu uns kam. Es gab ja auch ein kleines Wunder.

Ihre Schwester Frieda hatte sich gemeldet. Sie hatte über das ROTE KREUZ ihre Mutter und Schwester gesucht und auch gefunden. Kurz entschlossen hatte sie einen Flug nach Deutschland gebucht und geschrieben, dass sie in einem Monat für vier Wochen zu ihrer Mutter und Schwester kommt.

Ganz einfach. Mit dem Flugzeug nach Frankfurt am Main und dann mit dem Zug nach Potsdam, von wo wir sie dann abholen könnten. Sie wusste ja nicht, dass Deutschland inzwischen durch eine Mauer geteilt war und ihr Reiseplan so nicht funktionieren konnte. Sie brauchte ja ein von uns zu beantragendes Visum, um in die DDR einreisen zu dürfen. Beantragungsdauer vier bis sechs Monate. Katastrophe! Mein Mann und ich waren damals in einem Sportverein. Als wir unseren Sportfreunden von dem Dilemma erzählten, meinte ein Sportfreund, dass das zu schaffen wäre, wenn wir umgehend die Personalien von Tante Frieda bekommen würden.

In der Familie unseres Sportfreundes waren alle gute SED-Genossen. Seine Tochter arbeitete im staatlichen Reisebüro in Berlin und hatte mit Visa – Anträgen zu tun. So kam dann wieder einmal die Tatsache, dass Beziehungen nur dem schaden der keine hat, zum Tragen. Die Information der Tante Frieda war zwar nicht ganz einfach, es gelang uns aber, die für das Visum erforderlichen Unterlagen zusammen zu bekommen.

Der Anreisetermin war dann der 13. August (Tag des Mauerbaues). Ausgerechnet der. An diesem Tag stand in der DDR sowieso alles Kopf, wimmelte es allerorten von Polizei und das besonders in Berlin. Das Schlimmste aber war, wir bekamen das Visum nicht mehr so rechtzeitig, dass wir es nach Amerika senden konnten. Also mussten wir rechtzeitig am Kontrollpunkt sein, um das Visum bei Ankunft von Tante Frieda vorzulegen. Aber wann und wo kam sie an? Es gab in Berlin zwei Möglichkeiten. Entweder am Bahnhof Friedrichstraße oder am Check Point Charlie.

Wir also mit Schwiegermutter in den Trabi, unser kleines Auto, und los nach Berlin. Dort gependelt zwischen beiden Kontrollpunkten. War nicht ganz einfach. Wir wurden polizeilich kontrolliert und mehrmals angehalten. Ging aber alles gut. Mit den Grenzbeamten am Check Point Charlie verstanden wir uns mittlerweile so gut, dass sie uns halfen. Sie nahmen das Visum, informierten die Kontrollstelle Bahnhof Friedrichstraße und sagten zu, bei Eintreffen von Tante Frieda ihr das Visum zu übergeben.

Wir warteten in der Nähe des Kontrollpunktes. Die Einreisenden kamen immer in Gruppen. Wenn so eine Gruppe abgefertigt war und wir uns informieren wollten, wurde uns schon fröhlich entgegen gerufen: "Tante Frieda ist noch nicht dabei". Doch endlich war es dann soweit. Von der Kontrollstelle bis zu dem Platz, wo wir warten mussten, waren es so ungefähr hundertfünfzig Meter zu laufen.

Meine Schwiegermutter war sehr aufgeregt, ob sie ihre Schwester erkennt. Sie erkannte sie nicht. Es lagen auch Welten zwischen den beiden Schwestern. So habe ich dann als Erste die elegante ältere Dame als Tante Frieda erkannt. Super Hosenanzug, Mantel lässig über dem Arm, mit leichtem Koffer und Reisetasche. Die Familienähnlichkeit war aber nicht zu übersehen.

Nun war die Freude groß. Wir gingen erst einmal in eine Gaststätte Kaffeetrinken. Es war eine etwas schwierige Unterhaltung. Tante Frieda konnte zwar noch Deutsch. Die Wiedersehensfreude war jedoch so groß, dass es ein unbeschreibliches Chaos von Deutsch und Englisch gab. Wir verstanden alle jeweils nur die Hälfte von dem, was in der Unterhaltung nur so heraus sprudelte. Wir waren ja DDR-Bürger und des Englischen nicht mächtig. Schließlich ging es dann zu unserem Trabi. Der war ja unser ganzer Stolz. Tante Friedas Gesicht aber sprach Bände. Ich glaube, so ein kleines Auto hatte sie noch nie gesehen. Es gelang ihr aber einzusteigen.

Von Berlin war es eine ganze Strecke über Land. Wir mussten dann ganz unvermittelt anhalten, denn Tante Frieda war es schlecht geworden und sie musste sich übergeben. Erst später ist es mir klar geworden warum. Auf einem Bild von ihrem Auto mussten wir feststellen, dass wir quer auf der Motorhaube hätten parken können. Darum war ihr in unserem kleinen, schlecht gefederten Trabi einfach übel geworden.

Sie erzählte dann, dass in Michigan, wo sie wohnten, sehr weite Strecken zu überwinden sind, für die man entsprechend große Autos braucht. Lustig wurde es dann an der Tankstelle. Wir mussten nachtanken. Kosten: Sechsunddreißig Mark. Tante Frieda sah das und fragte ob wir gleich für einen Monat bezahlen, denn das bisschen konnte doch unmöglich so teuer sein. Die Erklärung ihrer Frage war dann, dass in Amerika eine Gallone, also ca. fünf Liter Benzin, 36 Cent kosten. Wir sind dann gut zu Hause angekommen, wo Uroma nach fast einem ganzen Leben ihre Tochter in die Arme nehmen konnte. Wir wollten nicht bei der Wiedersehensfreude stören und fuhren zurück in unsere Wohnung.

Tante Frieda erzählte dann aus ihrer neuen Heimat in Amerika. Sie hatte ja den Verlobten ihrer Freundin, die nicht aus Pommern auswandern wollte, geheiratet. Sie bekamen zwei Söhne und waren mit ihrem Leben wohl ganz zufrieden. Im Rentenalter angekommen, haben sie dann ihre Farm verkauft, und in Saginaw, Michigan, in einer altersgerechten Wohnanlage eine Wohnung erworben.

Man muss mal überlegen, das war in den sechziger Jahren und die Gestaltung kann sich noch heute sehen lassen. Bei uns erkannte man ja erst in den neunziger Jahren, dass derartige Wohnanlagen das Beste für Senioren sind. Allerdings gab es damals in Amerika so einige Sachen, vor denen wir in den letzten Jahren das Fürchten gelernt haben. So wurden die Autos bei der Fahrt von innen verriegelt, um zu verhindern, dass bei verkehrsbedingtem Halt jemand zustieg, um das Auto zu stehlen und die Besitzer auszurauben. Es wurde auch immer nur so viel Geld zum Einkauf mitgenommen, wie man benötigte. An den Kaufhäusern gab es extra Parkplätze für Senioren, damit diese schnell einsteigen konnten und so die Möglichkeit des Diebstahls des Einkaufs geringer war. In Amerika war man uns also in einigen Sachen Jahrzehnte voraus.

Einen Monat war Tante Frieda bei uns. Sie wollte

natürlich Land und Leute kennenlernen. Aber erst einmal gab es Schwierigkeiten. Sie, Frieda, musste nämlich bei der Behörde einen Betrag, es waren wohl fünfzehn Mark, allerdings Westgeld, entrichten. Da das ja keiner von uns gewusst hatte, Tante Frieda dem zu folge ja auch nicht, hatten wir Probleme. Die waren beinahe unlösbar, da es Sonnabend war und die Notenbank, wo wir den Betrag von Dollar in Westgeld hätten umwechseln können, geschlossen. Ein netter Mensch von der Behörde gab uns einen Tipp, dass es im Interhotel in Potsdam eine Wechselstube für Hotelgäste gab. Mit aller Überredungskunst die wir aufbieten konnten, gelang es uns die dortigen Angestellten gnädig zu stimmen. Dann hatten wir das geforderte Geld.

In den nächsten Tagen zeigten wir Tante Frieda unsere Gegend. Sie wollte die Geschäfte sehen und natürlich auch unsere Sehenswürdigkeiten. Gerhard hatte ein paar Tage Urlaub genommen und so konnten wir ihr alles zeigen. War manchmal nicht ganz einfach. Lautstark kritisierte sie das Warenangebot. Viel zu teuer für eine derartig miese Qualität. Alle Kunden hörten zu und uns war es beinahe peinlich. Eigentlich hatte sie ja Recht, wenn sie meinte, so etwas kann man sich doch nicht gefallen lassen.

Den Park von Schloss Sanssouci fand sie ja ganz schön – aber zu ungepflegt. Die nächste Katastrophe kam dann am Mittag. Hunger kam auf. Also in die vielgepriesene Gaststätte, in der Historischen Mühle. Die Speisekarte war so mäßig, dass das Angebot heute nicht einmal in einem Imbiss ausgereicht hätte.

Es waren schöne Tage mit Tante Frieda. Wir haben sehr viel von der Lebensart in Amerika erfahren. Tante Frieda ihrerseits lernte die DDR kennen. Nun, wenn sie wieder nach Frankfurt am Main fliegt, wird sie auch noch die andere Seite Deutschlands kennenlernen.

Bevor Tante Frieda wieder abreiste, fuhren wir nach Potsdam zum Einkauf in den Intershop. Sie wollte uns noch allen etwas schenken. Man konnte dort nur mit Westgeld oder auch Dollar bezahlen. Sie suchte uns Pullover aus und noch so einige Kleinigkeiten. Doch auch dieser Einkauf brachte Probleme.

Tante Frieda hatte nämlich kein Bargeld, sondern Reiseschecks. Damit waren die Angestellten des Intershops total überfordert und es gab wieder einmal eine lautstarke Diskussion. Tante Frieda bestand auf Bezahlung mit den internationalen Reiseschecks.

Es könne doch nicht sein, dass ein Land, was international anerkannt sein will, die Bezahlung mit den Reiseschecks ablehnt. Nach einer viertel Stunde, in der die Intershopangestellten herumtelefonierten, wurde die Bezahlung mit den Schecks endlich angenommen und wir verließen mit einer siegreichen Tante Frieda und unserem Großeinkauf den Laden. Sie meinte dazu, na geht doch, man muss sich nicht alles gefallen lassen.

Dann kam der Tag der Abreise.

Unsere Uroma war glücklich, dass sie in ihrem Leben ihre Tochter noch hatte sehen und sprechen können. Meine Schwiegermutter versuchte Haltung zu bewahren, was ihr aber nicht so richtig gelang. Es war uns ja allen irgendwie klar, dass wir uns bestimmt nicht wiedersehen würden.

Da Tante Frieda und ich so ungefähr die gleiche Figur und Kleidergröße hatten, hat sie mir noch so einiges von ihrer Garderobe dagelassen und reiste nun mit etwas leichterem Gepäck weiter.
Nach einem Aufenthalt in Frankfurt am Main, wo sie auch noch Verwandte hatte, flog sie dann wieder zurück nach Saginaw in Michigan. Sie hatte sehr

bedauert, dass sie ihren Heimatort in Pommern, Muscherin bei Stargard, nicht besuchen konnte. Das war aber jetzt in Polen und die Polen ließen noch keine Besuche zu.

Wir haben uns dann noch oft geschrieben. Was uns besonders geholfen hat, waren einige Pakete, die Tante Frieda immer liebevoll zusammenstellte und die trotz aller Hindernisse auch immer gut bei meiner Schwiegermutter ankamen. Warum dort und nicht bei uns? Alle Auslandspakete wurden vom Zoll kontrolliert und man musste Einfuhrsteuer bezahlen. Davon ausgenommen waren Rentner. So schickte Tante Frieda eben die Pakete zu ihrer Mutter, von wo wir sie dann bekamen.

Die Sachen, die sie schickte, haben uns sehr geholfen, denn bei uns war finanziell Flaute angesagt. Wir hatten ja 1967 ein total heruntergekommenes Wochenendhaus bekommen und auf eigene Kosten zur Wohnung ausgebaut und waren praktisch pleite.

So war es dann ein großer Segen, dass wir von Tante Frieda vor allem auch Kleidung für unseren Sohn, 5 Jahre alt, bekamen. Am besten fand der natürlich die Autos die sie schickte. So ging es dann bis 1980.

Viele Briefe haben den Weg von und nach Amerika genommen. Dann war auf einmal Schluss.

Wir bekamen keine Antwort mehr. Onkel Frank war ja schon längere Zeit krank. Er war acht Jahre älter als Tante Frieda. Sie hatte geschrieben, dass es ihr auch nicht gut ging. Wir können es uns nur so erklären, dass sie nicht mehr in der Lage war, uns zu schreiben. Wir waren alle sehr traurig darüber, aber eine Möglichkeit zu erfahren was geschehen war, gab es durch die politischen Verhältnisse leider nicht.

Über das Rote Kreuz etwas zu erfahren war auch nicht möglich, denn in Amerika gibt es keine Meldepflicht und ob Tante Frieda und Onkel Frank irgendwie organisiert waren, wo man eventuell Auskunft bekommen hätte, wussten wir auch nicht.

So bleibt uns nur die Erinnerung an ein paar Jahre in denen wir uns, wenn auch nur meistens brieflich, wunderbar verstanden haben.

Eva-Maria Kluck, 2021

„Franzensbad"

In einem Tschechischen Städtchen –
da steht ein schönes Haus.
Hier gehen viele Gäste
sehr gerne ein und aus.

Das Haus hat viele Zimmer,
wo man gut wohnen kann.
Das Sanatorium „KLIMA"
begeistert Frau und Mann.

Sie lassen sich verwöhnen:
Massagen, Bäder, Moor...
Man kommt nach vierzehn Tagen
sich „runderneuert" vor.

Das täglich gute Essen
verwöhnt die Gaumen sehr.
Drum kommen viele Gäste
auch immer wieder her.

Gepflegte Parkanlagen
umrahmen grün das Haus.
Die Quelle spendet Wasser,
gesund – tagein, tagaus.

Die Luft – so mild und sauber –
sie tut der Lunge gut,
der Vogelsang stimmt heiter,
gibt den Kranken Lebensmut.

Musik – sie streichelt Seelen,
erklingt in Haus und Park.
Sie darf zur Kur nicht fehlen,
macht manchen Schwachen stark!

Das Städtchen „Franzensbad"
man gut empfehlen kann.
Seit zwölf Jahren unser Ziel:
Es zieht uns magisch an!

Hannelore Wolf, Juli 2021

Die Küche –
ein Lebens-Raum

Die Küche bildete zu jeder Zeit den Mittelpunkt eines Haushaltes.

Sie galt – wie heute auch – als das Herzstück der Wohnung und vereinte die Familie zu den verschiedensten Anlässen.

Hier wurde gekocht und gebacken, eingeweckt und das Geschirr gespült. Wer kein Bad besaß, nutzte die Küche auch zum Waschen der Wäsche und zum Baden der Kinder. Ebenso konnte man sich in dem von Gerüchen aller Art erfüllten Raum über die Ereignisse des Tages mit der Familie austauschen oder neue Rezepte ausprobieren. Kurzum – die Küche war und ist ein Ort für alle Fälle.

In der heutigen Zeit ist die Küche oft in den Wohnbereich eingegliedert. So bleibt die Hausfrau während der Zubereitung der Speisen in Verbindung zur Familie oder zu den Gästen.

In früheren Jahren besaß die Wohnküche eine andere Bedeutung. Hier spielte sich das tägliche Leben in all seinen Facetten ab. Sie diente natürlich in erster Linie dem Wohl der Familie, die sich täglich auf eine schmackhafte Mahlzeit freute. Aber der Raum mit seinem großen Herd wurde auch genutzt, um Obst und Gemüse zu verarbeiten und konservieren, die Wäsche im Waschkessel zu kochen und um zu bügeln.

Meine Erinnerungen führen mich zurück in das Jahr 1963. Meine Mutter wohnte zu dieser Zeit in Leipzig, in einer Siedlung im Außenbezirk der Stadt. Die Wohnung bestand aus zwei Zimmern, einer Wohnküche, der Diele und einer kleinen Toilette. Es gab auch einen Keller, aber kein Bad. Diese Räume gehörten ursprünglich als Einfamilienhaus, mit der im 1. Stock befindlichen, Wohnung zusammen. Die geräumige Wohnküche war einfach und zweckmäßig ausgestattet. Das Herzstück bildete ein großer Herd, der als Heizquelle, Kochstelle, Backofen und Warmwasserspeicher diente. Eine Ausführung dieser praktischen Bauart ist mir später nie wieder begegnet.

Es befanden sich Kochstellen unterschiedlicher Größe auf der Herdplatte. Diese waren jeweils mit mehreren eisernen Ringen bedeckt, die entsprechend des Topf- oder Pfannenbodens mit Hilfe eines eisernen Hakens eingepasst wurden. Der Haken fand gleichzeitig Verwendung zum Schüren des Feuers im Feuerloch des Herdes. Als praktische Lösung hatte der Erbauer einen größeren Wasserbehälter in die Herdplatte eingelassen, der uns täglich warmes Wasser lieferte. In der Backröhre duftete so mancher leckere Kuchen, besonders das Gebäck in der Weihnachtszeit. Meine Mutter zauberte zur Freude der Familie wunderbare Lebkuchen, Plätzchen und Stollen.

Zur Aufbewahrung des Geschirrs befand sich ein Küchenbuffet an der einen Wand der Wohnküche. Der Küchentisch in der Mitte des Raumes besaß ein ausziehbares Gestell. Hierin verbargen sich zwei Emailleschüsseln, die zum Waschen und Abwaschen benutzt wurden. Vier Stühle machten das Verweilen am Küchentisch möglich.

Eine besonders interessante Idee hatte man unter dem großen Fenster der Küche verwirklicht: Hier befanden sich Vorratsfächer mit Schiebetüren. In der Wand nach außen sorgten Belüftungsklappen für die Zufuhr frischer Luft, im Winter für Kühlung der hier gelagerten Vorräte. Das war für uns genial in der Zeit ohne Kühlschrank.

Aufgrund des fehlenden Bades in der Wohnung nutzten wir die Küche gleichzeitig als „Baderaum". Eine große Zinkbadewanne aus dem Keller leistete uns hierbei gute Dienste. Sie fand ebenso Verwendung zum Waschen der Wäsche, da wir keine Waschmaschine besaßen.

So spielte sich unser Leben zu dieser Zeit an vielen Stunden in der Wohnküche ab.

Im Vergleich zur damaligen Zeit leben wir heute wie im Paradies! Die vielen technischen Erfindungen und Geräte erleichtern das Leben der Menschen auf vielfältige Weise. Man lebt in großzügigen komfortablen Wohnungen und nutzt alle Möglichkeiten, die das heutige Dasein bietet. Wer denkt da schon an die bescheidenen Lebensverhältnisse, die den Alltag der Eltern und Großeltern damals bestimmten.

Um die Erinnerungen daran wachzuhalten, sollte man diese an die junge Generation weitergeben. Ob als Erzählung, als Buch oder Film – jede Zeit verdient es, geschätzt und beachtet zu werden!

Hannelore Wolf, 2021

Lebenszeit

1 -2-3-4-5-6-7:
wo ist nur die Zeit geblieben?
Keiner weiß, wie es geschah –
plötzlich ist das Alter da!

Kindheit, Jugend, Arbeitsjahre –
Rentner nun und graue Haare.
Die Familie ist recht groß,
Enkel sitzt auf Omas Schoß.

Anfangs kam der erste Sohn,
Brüderlein dann folgte schon.
Und zum Schluß ein Töchterlein,
komplett sollt' die Familie sein.

Aus den Kindern wurden dann –
Eheleut' mit Frau und Mann.
Vier Enkelkinder – ach, wie schön –
zwei Jungs, zwei Mädels, stets gern gesehn.

Wie wunderbar die Enkel-Zeit –
auch sie ist nun Vergangenheit.
Die Enkelkinder wurden groß –
entwachsen der Familie Schoß.

Vor fast zwei Jahren es geschah:
ein Ur-Enkel kam zur Welt – hurra!
„Ur-Großeltern" heißt man heut' –
sind wir nun uralte Leut'?

Nein, Kinder halten jung und fit,
wir freuen uns und halten Schritt.
Vor einem Jahr, man glaubt es kaum –
ging in Erfüllung noch ein Traum:

Die Ur-Enkelin – so klein und fein –
läßt die Familie glücklich sein.
Cousin, Cousine – welch ein Schatz –
im Leben finden ihren Platz.

Gesund und fröhlich soll'n sie werden:
Sie sind der Sonnenschein auf Erden.

Hannelore Wolf, Juli 2021

Gedanken-Wanderung

D as Leben fließt dahin in seinen Bahnen.
Auch, wenn die Endlichkeit wir lang' schon ah-
nen:
Wir leben, lieben, lachen jeden Tag.
Wer weiß schon, was die Zukunft bringen mag?!

Wir schau'n dem neuen Morgen froh entgegen.
Bringt er uns Glück auf allen unsern Wegen?
Mal gibt es gold'nen Sonnenschein,
mal wird es regnen oder schnei'n.

Mal möcht' man in der Früh' schon singen,
dem Liebsten gern ein Ständchen bringen.
Der nächste Tag so trüb und grau –
wer wird aus diesem Dasein schlau?

Wir geh'n hinaus in die Natur,
sie schenkt uns Farben, Düfte pur.
Läßt es an Blütenpracht nicht fehlen,
besänftigt aufgewühlte Seelen.

Gestärkt und glücklich geht's nach Haus',
der Alltag ruft tagein, tagaus.
Sich dann und wann 'ne Freude gönnen –
sollte Jedermann doch können!
Nicht nur seine Krankheit pflegen,
Wert auf's Miteinander legen.

Nicht Hass und Gier ist unser Ziel –
nein– Hilfsbereitschaft, Mitgefühl.
Wie schön wär Frieden auf der Erde –
wir wünschen, dass es Wahrheit werde!

Hannelore Wolf, 2021

Die Autoren:

GELA (Jahrgang 1943)
Hobbies: Theatergruppe, Wandern

Eva-Maria Kluck (Jahrgang 1935)
Geboren in Berlin, von 1936 bis 1997 in Kleinmachnow gelebt, danach in Stahnsdorf.

Berufe: Maßschneiderin und Wirtschaftskauffrau Sie war als Angestellte im Rat der Gemeinde Kleinmachnow, in der Landwirtschaftsbank in Potsdam und von 1975 bis 2000 im Gesundheitswesen (Geschäftsleitung, ab 1997 Leiterin des Seniorenbüros AVUS) in Teltow tätig.

Hobbys: Aus dem Leben schreiben: Anekdoten, bissige Leserbriefe, Glossen und Familiengeschichte, ehrenamtliche Tätigkeit in Selbsthilfegruppen.

Margrit Prauß (1947)
ist in Sachsen geboren und aufgewachsen.

Beruf: Krankenschwester, Ausbildung med. Fachschule Hubertusburg Wermsdorf.

Seit 1969 wohnt sie in Teltow, hat 2 Töchter und 4 zauberhafte Enkelkinder. Sie liebte immer schon „Deutsch" in der Schule, schrieb gerne Aufsätze, später Briefe. Gedanken, Erinnerungen und Erfahrungen aus ihrem Leben zu formulieren macht ihr viel Freude und sie gibt diese gern weiter.

Hannelore Wolf (Jahrgang 1944)
geboren in Westpreußen, nach der Flucht aus Danzig in Mecklenburg aufgewachsen, Ausbildung zur Kindergärtnerin im Schweriner Schloß. Umzug 1963 nach Leipzig, Heirat und Umzug 1967 nach Teltow.

Tätig als Kindergärtnerin, Wechsel in die GRW-Bibliothek, nach der Wende als Sachbearbeiterin im Sozialamt Teltow, seit 2009 Rentnerin.
Sie ist verheiratet, hat 3 Kinder und 4 Enkelkinder.

Hobbys: Singen im Chor, Mitglied einer Sportgruppe, Reisen und Tanzen, Verfassen von Versen zu bestimmten Anlässen sowie spontanes Schreiben kleiner Gedichte!

Ellen Wutschik (Jahrgang 1964)
Geboren in Potsdam-Babelsberg

Hanna (Jahrgang 1937)

Geboren in Zehdenick kam Hanna vor 57 Jahren mit ihrem Mann nach Potsdam.

Hier arbeiteten und lebten sie mit ihren 2 Töchtern, und waren glücklich verheiratet, bis ihr Mann 2009 starb.

Sie unternahmen gemeinsam viele Reisen, nach 1989 auch einige in die Länder, in denen Besuche bis dahin nicht möglich waren. Sie liebten ihren Garten und verbrachten dort viel Zeit mit ihren Enkelkindern.

Beate (Jahrgang1964)

Sie lebt in Jüterbog, hat einen großartigen erwachsenen Sohn, liebt die Ostsee und die Ruhe in der Natur.

Evelyn Barucker (1949 in Potsdam geboren)

Sie lebt seit 1953 in Kleinmachnow und seit 1971 in Teltow. Sie vermisst die ungeschriebenen Geschichten ihrer Eltern und Großeltern und möchte deshalb einige Erlebnisse für ihre Kinder und Enkelkinder erhalten.

Carmen Sabernak (Jahrgang 1958)

Schreibt am liebsten mit Blick auf das Meer oder auf ihrer Rosenbank im Familiengarten.

Bisher erschienen

Aus der Reihe „Perlen unserer Erinnerung" sind bereits (im BoD Verlag zum Preis von 5,00 Euro) erschienen:

„Hannas Weihnachtsengel" erschienen 2013
ISBN: 9783732280414

„Begegnungen im Leben" erschienen 2013
ISBN: 9783732280889

„Verlust und Wiederfinden" erschienen 2015
ISBN: 9783734745812

„Elli" erschienen 2015
ISBN: 9783734769276

„Mein Berlin - Mitten mang und Dichte bei" erschienen 2015
ISBN: 9783738613599

„Am Wege blüht Vergissmeinnicht" erschienen 2015
ISBN: 9783738629262

„Singen und Wandern - das ist unser Leben" erschienen 2015
ISBN: 9783738659931

„Jahreswende - von Anfang bis Ende" erschienen 2016
ISBN: 9783741276798

„Sehnsucht, Glück und Bäume" erschienen 2017
ISBN: 9783848257195

„Täuscht der schöne Schein?" erschienen 2018
ISBN: 9783748111948

„Winterperlen" erschienen 2018
ISBN: 9783748101093

„Sommer-Zeit-Reise" erschienen 2019
ISBN: 9783748146964

„Geflüster bei Kerzenshein" erschienen 2019
ISBN: 9783750401877

„Meine Heimat Kleinmachnow" erschienen 2020
ISBN: 9783751930772

„Meine - Deine - unsere Schulzeit" erschienen 2020
ISBN: 9783751950497

„Durch das Jahr" erschienen 2020
ISBN: 9783752672176

„Winterzeit" erschienen 2020
ISBN: 9783752672169

„Mystische Geschichten" erschienen 2020
ISBN: 9783752672190